IN RHETORICA.

Primum Orationis gallicè fcriptæ Præmium meritus ac confecutus eft

LUDOVICUS DUPONT,   Bethuneus.

Secundum meriti ac confecuti funt

Ludovicus Vilmant,   Atrebas.
Et Joannes Baptifta Dauchet,   Bethuneus.

Proximè accefferunt ,

Stephanus Lenglet,   Atrebas.
Albertus Dufour,   Atrebatenfis.
Armandus de Fleurival, de Gouy, Conv. Atrebas.
Romanus Dujardin,   Atrebas.
Mauricius Deliege,   Atrebatenfis.
Carolus Lherbier,   Atrebatenfis.
Jofephus Jouenne,   Atrebas.
Carolus Dierix, Conv.   Gandavenfis.
Antonius Lallart de le Bucquiere,   Atrebas.

Primum Orationis latinè fcriptæ Præmium meritus ac confecutus eft

Idem Ludovicus Dupont,   Bethuneus.

Inter veteranos Secundum meritus ac confecutus eft

Idem Stephanus Lenglet,   Atrebas.

Secundum inter Recentiores meritus ac confecutus eft

Idem Albertus Dufour,   Atrebatenfis.

Proximè accefferunt ,

Idem Ludovicus Lherbier,   Atrebatenfis.
Id. Joannes Baptifta Dauchet, Conv.   Bethuneus.
Id. Romanus Dujardin,   Atrebas.

Joſephus Sarraſin,   Atrebas.
Id. Antonius Lallart de le Bucquiere,   Atrebas.
Joſephus Crépieux.   Atrebas.

Primum Orationis latinæ in gallicam converſæ Præmium
meritus ac conſecutus eſt

Id. Ludovicus Dupont,   Bethuneus.

Secundum meritus ac conſecutus eſt

Id. Romanus Dujardin ,   Atrebas.

Proximè acceſſerunt

Id. Albertus Dufour,   Atrebatenſis.
Id. Antonius Lallart de le Bucquiere ,   Atrebas.
Id. Stephanus Lenglet,   Atrebas.
Id. Mauricius Deliege ,   Atrebatenſis.
Id. Carolus Dierix , Conv.   Gandavenſis.
Ægidius Genel,   Atrebas.

Primum carminis latinè ſcripti Præmium meritus ac conſecutus eſt

Id. Ludovicus Dupont ,   Bethuneus.

Secundum meritus ac conſecutus eſt

Id. Antonius Lallart, de le Bucquiere ,   Atrebas.

Proximè acceſſerunt ;

Id. Ludovicus Lherbier,   Atrebatenſis.
Id. Stephanus Lenglet,   Atrebas.
Id. Albertus Dufour ,   Atrebatenſis.
Id. Romanus Dujardin ,   Atrebas.
Id. Ludovicus Vilmant ,   Atrebatenſis.
Id. Joſepus Sarraſin ,   Atrebatenſis.

*Primum Moralis, Hiſtoricæ, Geographicæ & omnis generis, quæ ;
prout fert Alumnorum ætas & ordo , ad reḍam inſtitutionem pertinet,
Doḍtrinæ , Præmium meritus ac conſecutus eſt*

Id. Ludovicus Dupont,   Bethuneus.

Inter veteranos Secundum meritus ac conſecutus eſt

Id. Stephanus Lenglet ,   Atrebas.

Inter recentiores Secundum meriti ac conſecuti ſunt

Id. Albertus Dufour,   Atrebatenſis,
Et Id. Ludovicus Vilmant ,   Atrebas.

Proximè acceſſerunt ,

Id. Romanus Dujardin,   Atrebas.
Id. Ludovicus Lherbier ,   Atrebatenſis.
Id. Joſephus Crepieux,   Atrebas.
Id. Antonius Lallart , de le Bucquiere , Atrebas.
Id. Mauricius Deliege,   Atrebatenſis.
Carolus Goudmant,   Atrebatenſis.
Id. Ægidius Genel ,   Atrebas.
Joannes Bapt. Vincent ,   Bethuneus.

*Propter Orationem proprio Marte elaboratam, & in Exercitatione
Publicâ habitam , Præmio peculiari donatur*

Id. Ludovicus Dupont,   Bethuneus.

IN SECUNDO ORDINE.

*Primum Orationis latinæ in gallicam conversæ Præmium
meritus ac consecutus est*

Ludovicus Vasseur ,   Atrebatensis.

Secundum meritus ac consecutus est

Celeftinus Marel ,   Atrebatensis.

Proximè accesserunt ,

Josephus Vanpraet, Conv.   Brugiensis.
Josephus Cauwet,   Atrebas.
Josephus Lallart,   Atrebas.
Erneftus Payen,   Atrebatensis.
Aubertus Leroy,   Atrebas.
Eugenius Lesoing,   Atrebas.
Stephanus Montagerand ,   Atrebas.

---

*Primum Orationis gallicæ in latinam conversæ Præmium
meritus ac consecutus est*

Id. Ludovicus Vasseur,   Atrebatensis.

Secundum meritus ac consecutus est

Id. Josephus Cauwet ,   Atrebas.

Proximè accesserunt ;

Id. Josephus Lallart,   Atrebas.
Id. Josephus Vanpraet , Conv.   Brugiensis.
Id. Erneftus Payen ,   Atrebatensis.
Josephus Dransart , Conv.   Atrebas.
Id. Celeftinus Marel,   Atrebatensis.
Id. Aubertus Leroy ,   Atrebas.
Albertus Taffin ,   Atrebatensis.

Primum Carminis latinè scripti Præmium meritus ac consecutus est

Id. Ludovicus Vaſſeur.,   Atrebatenſis.

Secundum meritus ac consecutus est

Id. Joſephus Lallart,   Atrebas.

Proximè accesserunt ,

Id. Erneſtus Payen,   Atrebatenſis.
Id. Joſephus Cauwet,   Atrebas.
Id. Joſephus Vanpraet,   Brugienſis.
Joſephus Deuſy ,   Atrebatenſis.
Id. Stephanus Montagerand,   Atrebas.
Ludovicus Ponthieu ,   Atrebatenſis.

Primum Moralis , Hiſtoriæ, Geographicæ, & omnis generis, quæ,
prout fert alumnorum ætas & ordo , ad rectam
inſtitutionem pertinet doctrinæ Præmium
meritus ac consecutus est

Id. Ludovicus Vaſſeur,   Atrebatenſis.

Secundum meritus ac consecutus est

Id. Celeſtinus Marel,   Atrebatenſis.

Proximè accesserunt

Id. Joſephus Cauwet,   Atrebas.
Id. Joſephus Vanpraet, **Conv.**   Brugienſis.
Id. Joſephus Leroy ,   Atrebas.
Id. Erneſtus Payen,   Atrebatenſis.
Id. Joſephus Lallart,   Atrebas.
Id. Joannes Bapt. Legentil ,   Atrebas.

IN TERTIO ORDINE.

Primum Orationis latinæ in gallicam converſæ Præmium
meritus ac conſecutus eſt

Leoanardus Caron, Clericus,	Atrebas.

Secundum meritus ac conſecutus eſt

Philibertus Bergaigne,	Atrebas.

Proximè acceſſerunt ,

Adrianus Dourlens,	Atrebas.
Albertus Morel,	Atrebas.
Ludovicus Cavrois,	Atrebatenſis.
Stephanus Degouve,	Atrebas.
Joſephus Neveu,	Atrebatenſis.
Henricus de Gillaboz, Conv.	Cameracenſis.
Carolus Lallart, de le Bucquiere,	Atrebas.

Primum Orationis gallicæ in latinam converſæ Præmium
meritus ca conſecutus eſt

Id. Albertus Morel,	Atrebas.

Secundum meritus ac conſecutus eſt

Carolus Lambert,	Atrebatenſis.

Proximè acceſſerunt ,

Id. Ludovicus Cavrois,	Atrebatenſis.
Franciſcus Deuſy,	Atrebatenſis.
Id. Stephanus Degouve,	Atrebas.
Id. Philibertus Bergaigne,	Atrebas.
Joannes de Boſchaert, Conv.	Antuerpienſis.
Id. Henricus de Gillaboz, Conv.	Cameracenſis.
Paulus de Boſchaert, Conv.	Antuerpienſis.

Primum Carminis latinè scripti Præmium meritus ac consecutus est

Id. Albertus Morel,   Atrebas.

Secundum meritus ac consecutus est

Id. Joannes de Boschaert, Conv.   Antuerpiensis.

Proximè accesserunt ;

Id. Franciscus Deusy,   Atrebatensis.
Id. Ludovicus Cavrois,   Atrebatensis,
Id. Philibertus Bergaigne,   Atrebas.
Id. Carolus Lambert,   Atrebatensis.
Id. Carolus Lallart de le Bucquiere,   Atrebas.
Id. Adrianus Dourlens,   Atrebas.

Primum Moralis, Historiæ, Geographicæ, & omnis generis, quæ,
prout fert alumnorum ætas & ordo, ad rectam
institutionem pertinet doctrinæ Præmium
meritus ac consecutus est

Id. Ludovicus Cavrois,   Atrebatensis.

Secundum meritus ac consecutus est

Id. Franciscus Deusy,   Atrebatensis.

Proximè accesserunt

Id. Albertus Morel,   Atrebas.
Id. Philibertus Bergaigne,   Atrebas.
Id. Carolus Lambert,   Atrebatensis.
Id. Carolus Lallart, de le Bucquiere,   Atrebas.
Guillenus de Guienne, Conv.   Viræus.
Id. Josephus Dourlens,   Atrebas.

IN QUARTO ORDINE.

Primum Orationis latinæ in gallicam conversæ Præmium meritus ac consecutus est

Stephanus Desruelles, Conv.   Hesdiniensis.

Secundum meritus ac consecutus est

Hiacinthus d'Emeric, Conv.   Duacenus.

Proximè accesserunt ;

Josephus Legay,	Atrebas.
Carolus Meneissier, Duplessis, Conv.	Landreciensis.
Jacobus Dufour,	Atrebateusis.
Amandus Herman,	Polopolitanus.
Ludovicus Caigniez,	Atrebas.
Nicolaus Leclercq,	Atrebatensis.
Amandus Bultel, Conv.	Atrebas.

Primum Orationis gallicæ in latinam conversæ Præmium meritus ac consecutus est

Id. Nicolaus Leclercq,   Atrebatensis.

Secundum meritus ac consecutus est

Id. Ludovicus Caigniez,

Proximè accesserunt,

Id. Amandus Bultel, Conv.	Atrebas.
Id. Stephanus Desruelles, Conv.	Hesdiniensis.
Josephus Delafosse, Conv.	Bethuneus.
Id. Amandus Herman,	Polopolitanus.
Ludovicus Leclercq,	Atrebatensis.
Id. Jacobus Dufour,	Atrebatensis.

Primum Carminis latinè ſcripti Præmium
meritus ac conſecutus eſt

Id. Nicolaus Leclercq,   Atrebateſis.

Secundum meritus ac conſecutus eſt

Auguſtinus Tranin,   Atrebatenſis.

Proximè acceſſerunt.

Id. Ludovicus Caigniez,   Atrebas.
Id. Joſephus Delafoſſe, Conv.   Bethuneus.
Id. Cimandus Bultel, Conv.   Atrebas.
Id. Stephanus Deſruelles, Conv.   Heſdinienſis.
Auguſtinus Camus,   Atrebatenſis.
Florentius Lurette, Conv.   Bethuneus.

Primum Moralis, Hiſtoricæ, Geographicæ & omnis generis, quæ,
prout fert Alumnorum ætas & ordo, ad rectam inſtitutionem pertinet,
Doctrinæ, Præmium meritus ac conſecutus eſt

Id. Ludovicus Caigniez,   Atrebas.

Proximè acceſſerunt ;

Id. Nicolaus Leclercq,   Atrebatenſis.

Proximè acceſſerunt,

Id. Stephanus Deſruelles, Conv.   Heſdinienſis.
Id. Joſephus Delafoſſe, conv.   Bethuneus.
Id. Hiacintus Demeric, conv.   Duacenus.
Id. Amandus Bultel, conv.   Atrebas.
Id. Jacobus Dufour,   Atrebatenſis.
Ludovicus Leclercq, conv.   Bethuneus.
Id. Florentius Lurette, conv.   Bethuneus.
Albertus de Beaumez, conv.   Duacenus.
Id. Auguſtinus Tranin,   Atrebatenſis.

IN QUINTO ORDINE.

Primum Orationis latinæ in gallicam converſæ Præmium
meritus ac conſecutus eſt

Alexander Lenfant,   Atrebatenſis.

Secundum meritus ac conſecutus eſt

Franciſcus Regis Deshorties,   Atrebas.

Tertium meritus ac conſecutus eſt

Ferdinandus Charamond,   Atrebas.

Proximè acceſſerunt,

Amans Bancel, conv.   Bethuneus.
Ludovicus Delaroziere,   Atrebas.
Franciſcus de Mory, conv.   Atrebatenſis.
Joannes Bapt. Breuvart,   Atrebatenſis.
Philippus Clement,   Atrebas.
Philippus Franciſcus Delehelle, de Wicques,   Atrebas.

Primum Orationis latinæ gallicæ in latinam converſæ Præmium
meritus ac conſecutus eſt

Id. Alexander Lenfant,   Atrebatenſis.

Secundum meritus ac conſecutus eſt

Id. Franciſcus Regis Deshorties,   Atrebas.

Tertium meritus ac conſecutus eſt

Id. Ferdinandus Charamond,   Atrebas.

Proximè acceſſerunt,

Joannes Baptiſta Caudron,   Atrebas.
Franciſcus Vandencruyce, conv.   Antuerpienſis.
Id. Franciſcus Regis de Beaugrenier, conv.   Duacenus.
Id. Franciſcus de Mory, conv.   Atrebatenſis.
Id. Joannes Baptiſta Breuvart,   Atrebatenſis.
Ludovicus Lecardé,   Atrebas.

Primum Moralis, Hiſtoricæ, Geographicæ & omnis generis, quæ,
prout fert Alumnorum ætas & ordo, ad rectam inſtitutionem pertinet,
Doctrinæ, Præmium meritus ac conſecutus eſt

Idem Ferdinandus Charamond,　　　　　Atrebas.

Secundum meritus ac conſecutus eſt

Id. Francifcus Regis Deshorties,　　　　Atrebas.

Tertium meritus ac conſecutus eſt

Id. Amans Bancel, conv.　　　　　　　Bethuneus.

Proximè acceſſerunt.

Ludovicus Pouchain,　　　　　　　　Atrebatenſis.
Id. Francifcus Vandencruyce, conv.　　Antuerpienſis.
Id. Alexander Lenfant,　　　　　　　Atrebatenſis.
Id. Joannes Baptiſta Caudron,　　　　Atrebas.
Id. Francifcus de Mory, conv.　　　　Atrebatenſis.
Id. Joannes Bapt. Breuvart,　　　　　Atrebatenſis.

IN SEXTO ORDINE.

Primum Orationis latinæ in gallicam converſæ Præmium
meritus ac conſecutus eſt

Joannes Baptiſta de Stoop, conv.　　　Brugienſis.

Secundum meritus ac conſecutus eſt

Ludovicus Leducq, conv.　　　　　　Atrebas.

Tertium meritus ac conſecutus eſt

Auguſtinus de Mory, conv.　　　　　Atrebatenſis.

Proximè accesserunt,

Stephanus Froment,   Atrebatensis.
Ludovicus Garin,   Atrebatensis.
Ludovicus Dufour,   Atrebas.
Ludovicus Trannoy,   Atrebas.
Joannes Bapt. Garin,   Atrebatensis.
Dominicus Vanpraet, conv.   Brugiensis.
Petrus de Grammont, conv.   Duacenus.

Primum Orationis gallicæ in latinam conversæ Præmium
meritus ac consecutus est

Ludovicus Cocquel,   Atrebas.

Secundum meritus ac consecutus est

Id. Stephanus Froment,   Atrebatensis.

Tertium meritus ac consecutus est

Id. Joannes Bapt. de Stoop, conv.   Brugiensis.

Proximè accesserunt,

Id. Ludovicus Dufour,   Atrebas.
Id. Ludovicus Garin,   Atrebatensis.
Carolus Fauchison,   Atrebas.
Id. Augustinus de Mory, Conv.   Atrebatensis.
Id. Ludovicus Trannoy,   Atrebas.
Id. Placidus Pillot,   Atrebatensis.

Primum Moralis, Historiæ, Geographicæ, & omnis generis, quæ,
prout fert alumnorum ætas & ordo, ad rectam
institutionem pertinet doctrinæ Præmium
ex æquo meriti ac consecuti sunt,

Stanislaus de Retz,   Atrebas.
Et Id. Augustinus de Mory Conv.   Atrebatensis.

Secundum meritus ac confecutus eft

Id. Ludovicus Cocquel,   Atrebatenfis.

Tertium meritus ac confecutus eft

Id. Joannes Bapt. de Stoop,   Brugienfis.

Proximè accefferunt

Id. Placidus Pillot,   Atrebatenfis.
Id. Ludovicus Dufour,   Atrebas.
Amabilis Defprés,   Atrebas.
Joannes Baptifta Monronval, ·   Atrebas.
Id. Ludovicus Garin,   Atrebatenfis.
Id. Albertus Leducq, Conv.   Atrebas.
Joannes le Carpentier, Conv.   Parifienfis.

IN SEPTIMO ORDINE.

Primum Orationis latinæ in gallicam converfæ Præmium
meritus ac confecutus eft

Jofeph. Legrand,   Atrebas.

Secundum meritus ac confecutus eft

Philippus Valembert,   Atrebas.

Tertium meritus ac confecutus eft

Carolus Vandermeulen, Conv.   Arienfis.

Proximè accefferunt ;

Petrus Legentil,   Atrebatenfis·
Francifus Moreaux,   Atrebas·
Andreas Dupleffis Conv.   Landrecienfis.
Joannes Bapt. le Roux, Conv.   Bethuneus.
Joannes Bapt. Quingnart,   Atrebas·

Licet à paſchalibus tantummodò ſcholam frequentaverit Franciſcus de Frahan , Conv. Cameracenſis , peculiari præmio donandus , ne mercede ſuâ defraudetur , cum inter Condiſcipulos ſecundum in hoc orationis genere meritus fuiſſet.

Primum Orationis gallicæ in latinam converſæ Præmium meritus ac conſecutus eſt

Id. Joſephus Legrand ,   Atrebatenſis.

Secundum meritus ac conſecutus eſt

Id. Stephanus Legentil ,   Atrebatenſis.

Tertium meritus ac conſecutus eſt

Id. Carolus Vandermeulen , Conv.   Orienſis.

acceſſerunt ,

Idem Philippus Valembert ,   Atrebas.
Idem Franciſcus Moreaux ,   Atrebas.
Thomas Petit ,   Atrebas.
Idem Andreas Dupleſſis , Conv.   Landrecienſis
Joſephus Dupleſſis , Conv.   Landrecienſis.

Licet à Paſcalibus tantummodò Scholam frequentaverit Franciſcus de Frahan, Convictor, Cameracenſis. Peculiari Præmio donandus , ne mercede ſuâ de fraudetur , cum inter Condiſcipulos ſecundum in hoc Orationis genere meritus fuiſſet.

Primum Moralis , Hiſtoriæ , Geographicæ & omnis generis , quæ , prout fert alumnorum ætas & ordo , ad rectam inſtitutionem pertinet Doctrinæ præmium ex æquo meriti ac conſecuti ſunt

Id. Joſephus Legrand ,   Atrebatenſis.
Et id. Carolus Vandermeulen Conv.   Orienſis.

Secundum meritus ac conſecutus eſt

Id. Franciſcus Moreau ,   Atrebas.

Tertium meritus ac conſecutus eſt

Id. Joſephus Dupleſſis , Conv.   Landrecienſis.

Proximè accesserunt ;

Jonnes Bapt. Delambre , Conv.	Bethuneus.
Id. Joannes Bapt. le Roux, Conv.	Bethuneus.
Renatus le Roux , Conv.	Parisinus.
Bonaventura Fardel , Conv.	Atrebas.
Id. Petrus le Gentil	Atrebatensis.
Id. Thomas Petit ,	Atrebas.
Joannes Pouchain ,	Atrebatensis.

*Licet à Paschalibus tantummodò Scholam frequentaverit Franciscus
de Frahan, Convictor, Cameracensis peculiari Præmio donandus,
ne mercede suâ defraudetur, cum inter Condiscipulos secundum
Præmium in hoc Orationis genere meritus fuisset*

BIBLIOTHÈQUE IMPÉRIALE
IMP.